Schriften der
Juristischen Studiengesellschaft
Regensburg e.V.

Heft 24

Die Zuständigkeit des Generalbundesanwalts für die Verfolgung extremistischer Einzeltäter

Von

Kay Nehm
Generalbundesanwalt

Verlag C. H. Beck München 2002

Vortrag
gehalten vor der Juristischen Studiengesellschaft Regensburg
am 8. 5. 2001

ISBN 3 406 48632 0

Wilhelmstraße 9, 8081 München
Druck: NOMOS Verlagsgesellschaft,
In den Lissen 12, 76547 Sinsheim

Satz: Fotosatz Otto Gutfreund GmbH, Darmstadt

Gedruckt auf säurefreiem, alterungsbeständigem Papier
(hergestellt aus chlorfrei gebleichtem Zellstoff)

Inhaltsverzeichnis

I. Einleitung

Die Zuständigkeit des Generalbundesanwalts für die Verfolgung extremistischer Einzeltäter ist in jüngster Vergangenheit in die Diskussion gekommen. Während einigen die Möglichkeiten einer Verfolgung durch die Bundesanwaltschaft nicht weit genug gehen, sehen andere die im zurückliegenden Jahr erfolgten Übernahmen von Verfahren, die rechtsextremistisch motivierte, gegen Ausländer gerichtete Tötungsdelikte und Brandanschläge auf jüdische Gotteshäuser zum Gegenstand hatten, bereits als Verfassungsbruch und illegitimen Eingriff in die Länderhoheit an.

Die Bundesanwaltschaft hat die Verfahrensübernahmen jeweils auf § 120 Abs. 2 Satz 1 Nr. 3 a GVG (i. V. m. § 142 a Abs. 1 GVG) gestützt. Diese Vorschrift sieht beim Vorliegen bestimmter, in einem Katalog aufgezählter Straftaten (zu denen auch Mord und schwere Brandstiftung zählen) eine Übernahme der Strafverfolgung durch den Generalbundesanwalt unter den folgenden Voraussetzungen vor:

- Die Tat muss geeignet sein, die innere Sicherheit der Bundesrepublik Deutschland zu beeinträchtigen;
- sie muss dazu bestimmt sein;
- der Fall muss besondere Bedeutung haben.

§ 120 Abs. 2 Satz 1 Nr. 3 GVG wurde 1986[1] angesichts des Wandels extremistischer Gewalt in das Gerichtsverfassungsrecht eingefügt, weil die zuvor allein an Organisationsdelikte anknüpfende Verfolgungskompetenz des Generalbundesanwalts zu Defiziten bei nicht organisationsgebundenen Erscheinungsformen des Terrorismus (Taten der so genannten Guerilla diffusa)[2] geführt hatte.[3] Die Kompetenzen wurden in der Folgezeit – nach den rechtsextremistischen Brandanschlägen in Hoyerswerda (1991) und Rostock-Lichtenhagen (1992) – durch die

[1] Gesetz zur Bekämpfung des Terrorismus vom 19. Dezember 1986, BGBl. 1986 I S. 2566.

[2] Von Einzelpersonen oder losen Personenzusammenschlüssen begangene Terrorakte.

[3] Vgl. *Rebmann*, NStZ 1986, 289 ff.; *Schnarr*, MDR 1993, 589.

Aufnahme der schweren Brandstiftung in den Zuständigkeitskatalog erweitert.[4]

Bereits Anfang der neunziger Jahre hatte die Bundesanwaltschaft die Verfolgung der rechtsextremistischen Brandanschläge von Mölln (1992)[5] und Solingen (1993)[6] sowie 1994 das Verfahren wegen des Brandanschlags auf die Synagoge in Lübeck aufgrund der Vorschrift des § 120 Abs. 2 Satz 1 Nr. 3 a GVG (i.V. m. § 142 a Abs. 1 GVG) übernommen. Nicht zuletzt wegen der Aufsehen erregenden Folgen der Taten wurde die Verfolgungskompetenz des Generalbundesanwalts in diesen Fällen nicht infrage gestellt und obergerichtlich ohne weitergehende Erörterung gebilligt.

Anders verhielt es sich bei den rechtsextremistischen Straftaten, deren Verfolgung der Generalbundesanwalt in den zurückliegenden eineinhalb Jahren an sich gezogen hat. Exemplarisch seien drei Fälle herausgegriffen:

- Versuchter Mord an zwei Vietnamesen in Eggesin (22. August 1999)
- Mord an einem Mosambikaner in Dessau (11. Juni 2000)
- Versuchter Brandanschlag auf die Synagoge in Erfurt (20. April 2000).

Im Fall „Eggesin" misshandelte eine Gruppe rechtsextremistisch gesinnter Jugendlicher aus Hass gegen Fremde und Ausländer nach einem Volksfest zwei Vietnamesen auf brutale Weise derart schwer, dass einer von ihnen nur durch glückliche Umstände mit dem Leben davonkam. In Dessau wiederholte sich Vergleichbares in den frühen Morgenstunden des Pfingstsonntags vergangenen Jahres. Der Mosambikaner Alberto Adriano überlebte die Misshandlungen nicht. In Erfurt wollten die jugendlichen Täter aus Anlass von Hitlers Geburtstag und zur Propagierung ihrer antisemitischen Gesinnung die Synagoge in Brand setzen. Sie warfen Brandsätze gegen das Gotteshaus. Diese verfehlten jedoch die anvisierten Fenster und zerschellten folgenlos an der Hauswand sowie auf dem Dach der Synagoge.

Alle Verfahren sind inzwischen – die ersten beiden nach Durchführung des Revisionsverfahrens – rechtskräftig abgeschlossen. Insbesondere das Urteil des 3. Strafsenats vom 22. Dezember 2000 im Fall

---

[4] Sechstes Gesetz zur Reform des Strafrechts (6. StrRG) vom 26. Januar 1998, BGBl. 1998 I S. 164, 186.

[5] Bei diesem Anschlag kamen 3 Menschen ums Leben.

[6] Bei diesem Anschlag waren neben 10 Schwerverletzten 5 Tote zu beklagen.

„Eggesin“[7] dürfte die Fronten im Zuständigkeitsdschungel ein wenig begradigt haben. Dennoch besteht weiterhin Anlass, über die Reichweite der Verfolgungskompetenz des Generalbundesanwalts nachzudenken.[8] Darüber hinaus gilt es zu klären, inwieweit der Bundesgerichtshof Verfahrensübernahmen nach §§ 120 Abs. 2 Satz 1 Nr. 3 a, 142 a Abs. 1 Satz 1 GVG im Rahmen eines Revisionsverfahrens rechtlich überprüfen kann.

---

[7] BGH NStZ, 2001, 265–270.

[8] Obwohl die Ausgangsfälle rechtsextremistische und fremdenfeindliche Taten zum Gegenstand hatten, sind die Ausführungen an diesen zeitgeschichtlichen Anknüpfungspunkt nicht gebunden. Sie sind bei gegebener Konstellation auch auf linksextremistische und andere politisch motivierte Straftaten übertragbar.

II. Verfassungsrechtliche Kompetenzverteilung im Staatsschutzstrafrecht

Die Zuständigkeit des Generalbundesanwalts für die Verfolgung extremistischer Straftaten mit Staatsschutzqualität ist alles andere als klar und übersichtlich. Die Schwierigkeiten haben ihre Ursache in der undurchsichtigen verfassungsrechtlichen Kompetenzverteilung im Staatsschutzstrafrecht.

Bis zum Inkrafttreten des Gesetzes zur Bekämpfung des Terrorismus vom 19. Dezember 1986[1] lag die Verfolgung und Aburteilung von Tötungs- und schweren Brandstiftungsverbrechen sowie weiteren in § 120 Abs. 2 Satz 1 Nr. 3 GVG aufgezählten Katalogtaten ausschließlich in der Kompetenz der Staatsanwaltschaften und Gerichte der Länder. Das galt selbst dann, wenn gesamtstaatliche Interessen in erheblichem Maße berührt waren. Seit 1986 stellt die auf § 120 Abs. 2 Satz 1 Nr. 3 GVG gestützte erstinstanzliche Gerichtsbarkeit der Oberlandesgerichte, von der gemäß § 142 a Abs. 1 GVG die Zuständigkeit des Generalbundesanwalts abgeleitet ist, Bundesgerichtsbarkeit dar (§ 120 Abs. 6 GVG iVm. § 96 Abs. 5 GVG). Die unbestimmten Rechtsbegriffe des § 120 Abs. 2 Satz 1 Nr. 3 GVG, die die dort genannten Katalogtaten qualifizieren und dadurch eine Kompetenz des Bundes begründen, lassen sich daher nicht ohne einen Blick auf die grundgesetzliche Kompetenzverteilung zwischen Bund und Ländern auslegen:

Nach Art. 30 GG sind die Ausübung staatlicher Befugnisse und die Erfüllung staatlicher Angelegenheiten Sache der Länder, soweit das Grundgesetz keine andere Regelung trifft oder zulässt. Diese Verteilung der Aufgaben und Kompetenzen zwischen Zentralgewalt und Gliedstaaten bildet das Kernstück der bundesstaatlichen Struktur. Für die rechtsetzende, verwaltende und rechtsprechende Tätigkeit des Bundes bedarf es deshalb jeweils eines besonderen verfassungsrechtlichen Titels. Dieser kann sich aus dem geschriebenen Verfassungsrecht, insbesondere aus den Kompetenzbestimmungen der Art. 73 ff., 87 ff. und 93 ff. GG,

[1] BGBl. 1986 I S. 2566.

aber auch stillschweigend aus der Natur der Sache oder kraft Sachzusammenhangs ergeben.[2]

Für den Bereich des Staatsschutzes fehlt eine ausdrückliche Kompetenzzuweisung an den Bund. Allerdings gibt weder das verfassungsrechtliche Regel-/Ausnahmeverhältnis noch die daraus abgeleitete länderfreundliche Auslegung Anlass, die erstinstanzliche Zuständigkeit des Generalbundesanwalts gänzlich infrage zu stellen. Tatsächlich bedeutet das Postulat der strikten Interpretation der Kompetenznormen wohl nichts anderes, als dass eine erweiternde Auslegung der Zuweisungen auf den Bund nicht in Betracht kommt und dass der Grundsatz der Länderzuständigkeit funktionsgerecht zur Geltung kommen soll. Art. 30 GG steht hingegen ungeschriebenen Bundeskompetenzen nicht entgegen. Das gilt zum Beispiel für organisatorische Zuständigkeiten des Bundes, wie die Bestimmung des Sitzes der Bundesregierung, für Wappen, Siegel und Hymne des Bundes[3] sowie für die auf das Herkömmliche und Traditionelle gestützte Einrichtung der Bahnpolizei aufgrund des Art. 87 Abs. 1 Nr. 1 GG a.F.[4] Ausgehend hiervon bestand von jeher Einigkeit, dass das Grundgesetz dem Bund die Strafgerichtsbarkeit auf dem Gebiet des Staatsschutzes – gleichsam kraft Natur der Sache – unausgesprochen zuweist.[5]

Ob damit die Staatsschutzkompetenz des Bundes ausreichend bestimmt ist, mag bezweifelt werden. Glücklicherweise sind wir der Antwort auf diese Frage enthoben. 1969 wurde bei Einführung einer zweiten Instanz in Staatsschutzstrafsachen in Art. 96 Abs. 5 GG Folgendes bestimmt: Für Strafverfahren auf den Gebieten des Art. 26 Abs. 1 und des Staatsschutzes kann ein Bundesgesetz mit Zustimmung des Bundesrates vorsehen, dass Gerichte der Länder Gerichtsbarkeit des Bundes ausüben. Die Vorschrift des Art. 96 Abs. 5 GG unterstreicht die stillschweigend vorausgesetzte Zuständigkeit des Bundes.

Mit der in Art. 96 Abs. 5 GG zugelassenen Organleihe ist allerdings noch keine Aussage darüber getroffen, welche Bereiche im Einzelnen dem Staatsschutz zuzurechnen sind und damit nach der verfassungsrechtlichen Kompetenzverteilung in die Zuständigkeit des Bundes fallen. Da der Begriff des Staatsschutzes im Grundgesetz nicht näher

---

[2] Siehe hierzu eingehend Pernice in: Dreier, Grundgesetz, 1998, Bd. II, Art. 30 RdNr. 32–35.

[3] *Pernice* a.a.O., RdNr. 33.

[4] BVerfG, NVwZ 1998, 495, 497; *Pernice* a.a.O. RdNr. 35.

[5] BGH NStZ 2001, 265, 266; *Maunz/Dürig/Herzog*, Art. 96 RdNr. 47.

konkretisiert ist, bleibt es dem einfachen Gesetzgeber überlassen, die dem Staatsschutz zuzuordnenden Sachgebiete näher zu bestimmen und die gerichtliche Zuständigkeit auf diesem Gebiet festzulegen.[6] Die Kompetenz hierzu folgt aus der konkurrierenden Gesetzgebungsbefugnis auf dem Gebiet des Strafrechts und der Gerichtsverfassung nach Art. 74 Nr. 1 GG.[7] Danach stand der Gesetzgeber vor der Frage, ob er das Staatsschutzstrafrecht in seiner Gesamtheit der Bundesjustiz zuweisen oder einen Teil der Länderjustiz überlassen sollte und ob der Zuweisung von Verfassungs wegen in der einen oder anderen Richtung Grenzen gesetzt sind.

Nach Auffassung des Bundesgerichtshofs darf der Gesetzgeber anknüpfend an den vom Verfassungsgeber bei Einfügung des Art. 96 Abs. 5 GG im Jahr 1969 „vorgefundenen Kernbestand des Staatsschutzstrafrechts" nur solche Straftaten der Strafverfolgung durch den Bund unterstellen, die das staatliche Gefüge in länderübergreifender Weise treffen und die Rechtsgüter des Gesamtstaates in derart starkem Maße beeinträchtigen, dass ihre Ahndung durch die Landesjustiz der Bedeutung des in der jeweiligen Tat liegenden Angriffs auf die bundesstaatliche Gesamtordnung nicht gerecht würde.[8]

Die auf den 1969 vorgefundenen „Kernbestand des Staatsschutzstrafrechts" abhebende Restriktion erscheint nicht zwingend. Dass sich der Gesetzgeber daran zu orientieren habe, hat nirgendwo seinen Niederschlag gefunden. Von der Verfassung vorausgesetzte Gesetzgebungskompetenzen können durch einfachgesetzliches Recht nicht beschränkt werden. Wenn derzeit eine Bundeszuständigkeit nur bei Staatsschutzdelikten mit länderübergreifender Bedeutung von einigem Gewicht begründet ist, beruht dies auf der Entscheidung des „einfachen" Gesetzgebers, nämlich auf den Zuständigkeitsvorschriften der §§ 74 a, 120, 142 a GVG. Verfassungsrechtlich zementiert ist dieser Rechtszustand indes keineswegs. Der 1969 vorgefundene Kernbestand mag eine Leitlinie für die Verteilung von Zuständigkeiten im Bereich des strafrechtlichen Staatsschutzes darstellen; Entwicklungen bleiben jedoch – wie die einschlägigen Gesetzesreformen zeigen – rechtlich möglich.

---

[6] *Maunz/Dürig/Herzog*, Art. 96 RdNr. 48; Kommentar zum Bonner Grundgesetz–*Achterberg*, Zweitbearb. 1981, Art. 92 RdNr. 252; *Rebmann*, NStZ 1986, 289, 293.

[7] Vgl. auch BVerfGE 8, 174, 177.

[8] BGH NStZ 2001, 265, 266.

Vor diesem kompetenzrechtlichen Hintergrund ist die Zuständigkeitsregelung im Gerichtsverfassungsgesetz in sich wenig homogen. Auch erscheint es des Nachdenkens wert, ob eine Kompetenz kraft Natur der Sache oder kraft Tradition, deren Legitimation von einer geschlossenen Gesamtregelung abgeleitet wird, in sich gespalten und nach Maßgabe des einfachen Gesetzes zwischen Bund und Ländern geteilt sein darf. Da jedoch bislang niemand, insbesondere kein zur Vorlage an das Bundesverfassungsgericht berufenes Gericht, daran Anstoß genommen hat, ist der Rechtsanwender an diese Grundentscheidung des Gesetzgebers gebunden. Sie ist in ihrem Kern eindeutig: Eine generelle Zuweisung des Staatsschutzstrafrechts an die Bundesjustiz kam für den Gesetzgeber nicht in Betracht; vielmehr hat er den Ländern in erheblichem Umfang eine Zuständigkeit in Staatsschutzstrafsachen vorbehalten.

Die Betonung der Justizhoheit der Bundesländer verbietet es, den Staatsschutzbegriff so weit auszudehnen, dass das Regel-/Ausnahmeverhältnis des Art. 30 GG umgekehrt oder aufgehoben wird. Der Begriff des Staatsschutzes erweist sich damit für die Auslegung des § 120 Abs. 2 Nr. 3 a GVG als Schlüsselbegriff.

III. Auslegung des § 120 Abs. 2 Satz 1 Nr. 3 a GVG

1. Staatsschutz als Schlüsselbegriff

§ 120 Abs. 2 Satz 1 Nr. 3 a GVG umschreibt den strafrechtlichen Staatsschutz mit den unbestimmten Rechtsbegriffen „bestimmt und geeignet ... die ... innere Sicherheit der Bundesrepublik Deutschland zu beeinträchtigen". Die weiter genannte Voraussetzung der „besonderen Bedeutung des Falles" ist dagegen für den Staatsschutzcharakter an sich nicht aussagekräftig. Dies zeigt die innere Systematik des § 120 GVG: Er enthält in seinem Absatz 1 einen Katalog von Straftaten, die als „geborene" oder Staatsschutzdelikte „im engeren Sinne" bezeichnet werden. § 120 Abs. 1 GVG weist das Erfordernis einer „besonderen Bedeutung" nicht auf. Beim Landesverrat beispielsweise genügt eine hypothetische Gefahr, die sich erst bei sehr spekulativ beschreibbaren historischen Entwicklungen auswirkt. Der Spionagestraftatbestand des § 99 StGB begnügt sich mit einer latenten Gefahr, die in der aktiven Beziehung zu einem fremden Nachrichtendienst liegt. Landesverrat und geheimdienstliche Agententätigkeit sind unstreitig Staatsschutzdelikte – unabhängig von ihrer Bedeutung im konkreten Fall. Daraus folgt, dass das Zuständigkeitsmerkmal der „besonderen Bedeutung" in § 120 Abs. 2 Satz 1 Nr. 3 GVG für den Staatsschutzcharakter ohne Belang ist. Es hat lediglich die Funktion, die Verfolgungszuständigkeit des Generalbundesanwalts außerhalb der „geborenen" Staatsschutzdelikte auf Ausnahmefälle zu beschränken.

Was aber ist nun „Staatsschutz"? Objekt des strafrechtlichen Staatsschutzes ist der Staat. Hierzu zählen in erster Linie der Bestand des Staates und seine Verfassung.[1]

Die Verletzung von Staatsschutzbelangen setzt eine Beziehung zum Staatsgebilde voraus. Erforderlich ist eine strafbare Handlung, deren Stoßrichtung auf die genannten zwei Kernrechtsgüter des Staatsschutz-

---

[1] BGH NStZ 2001, 265, 268; *Schnarr*, MDR 1988, 89, 92; vgl. auch *Maurach/Schroeder/Maiwald*, Strafrecht BT, Teilbd. 2, 8. Aufl., 1999, § 82 RdNr. 11.

strafrechts oder die aus ihnen abgeleiteten Schutzgüter zielt.[2] Dies impliziert, dass der strafrechtliche Staatsschutzbegriff einem steten Wandlungsprozess unterworfen ist. Jede Norminterpretation lebt in den historischen Zusammenhängen, auf die der Schutz ausgerichtet ist. Das gilt auch im Staatsschutzstrafrecht.[3] Der Staatsschutzbegriff ist nicht statisch, sondern dynamisch. Er verändert sich in demselben Maße wie die Gesellschaft und ist damit offen für gesellschaftliche (Fehl-)Entwicklungen.[4] Daher können Gefahren und Sachverhalte, die gewöhnlich dem Bereich der allgemeinen Kriminalität zugeordnet werden, bei Hinzutreten weiterer Umstände Staatsschutzbelange beeinträchtigen.[5] Der Versuch einer übergreifenden, fest umrissenen und abgeschlossenen Begriffsdefinition muss zwangsläufig scheitern. Dem hat der Gesetzgeber bei Einfügung des § 120 Abs. 2 Satz 1 Nr. 3 GVG Rechnung getragen.

2. Die normativen Zuständigkeitsmerkmale des § 120 Abs. 2 Satz 1 Nr. 3 a GVG

Es stellt sich die Frage, wie die normativen Zuständigkeitsmerkmale des § 120 Abs. 2 Satz 1 Nr. 3 a GVG zu verstehen sind. Wann ist eine Katalogtat des § 120 Abs. 2 Satz 1 Nr. 3 GVG bestimmt und geeignet, die innere Sicherheit der Bundesrepublik Deutschland zu beeinträchtigen? Unter welchen Voraussetzungen ist von einer besonderen Bedeutung des Falles auszugehen?

a) Beeinträchtigung der inneren Sicherheit

Aus der verfassungsrechtlichen Grundentscheidung über die Verteilung von Rechtsprechungsaufgaben zwischen Bund und Ländern folgt,

---

[2] *Schroeder*, Schutz von Staat und Verfassung im Strafrecht, 1970, S. 354 ff.; *Schnarr*, MDR 1988, 89, 92.

[3] Dies wird vom Bundesverfassungsgericht in Bezug auf die „äußere Sicherheit“ in seiner Entscheidung zur strategischen Fernmeldeaufklärung besonders betont, vgl. BVerfGE 100, 313, 382.

[4] *Schnarr*, MDR 1988, 89, 93; *Rebmann*, NStZ 1986, 289, 293.

[5] Für den Bereich der äußeren Sicherheit hat dies aus verfassungsrechtlicher Sicht das Bundesverfassungsgericht in einem Urteil zur Änderung des G10-Gesetzes ebenfalls entschieden, BVerfGE 100, 313, 370 ff., 373 ff., 382.

dass Straftaten der allgemeinen, lediglich die „öffentliche Sicherheit" bedrohenden Kriminalität als Anknüpfungspunkt für das Evokationsrecht des Generalbundesanwalts ausscheiden, mögen sie auch ein erhebliches Ausmaß annehmen und in diesem Sinne staatliche Sicherheitsinteressen berühren.[6] Die Beurteilung, ob eine Beeinträchtigung der inneren Sicherheit vorliegt, orientiert sich an den Kernrechtsgütern des Staatsschutzstrafrechts – Bestand des Staates und seiner Verfassung. Ist eines dieser beiden Elemente betroffen, kann eine Bundeszuständigkeit gegeben sein. Beide Kernrechtsgüter genießen gleichrangigen Schutz. Eine Evokation kommt nicht nur in Betracht, wenn die Tat nach den konkreten Umständen das innere Gefüge des Gesamtstaates beeinträchtigen kann;[7] sie kann auch dann erfolgen, wenn sich das extremistisch motivierte Verbrechen gegen Verfassungsgrundsätze richtet.

Eine Beeinträchtigung des inneren gesamtstaatlichen Gefüges wird nur selten gegeben sein. Ein einzelner Mord, selbst wenn er an einem hochrangigen Repräsentanten des Staates begangen wird, bringt das innere Gefüge des Gesamtstaats als solches nicht ohne weiteres ins Wanken. Entsprechendes gilt für die anderen im Katalog des § 120 Abs. 2 S. 1 Nr. 3 GVG aufgeführten Delikte. In den eingangs genannten Fällen „Eggesin", „Dessau" und „Erfurt" war eine Beeinträchtigung der inneren Sicherheit durch Destabilisierung des inneren Gefüges des Gesamtstaates nicht zu besorgen. Die Fähigkeit der Sicherheitsbehörden, die Bevölkerung vor rechtsextremistischen Angriffen effektiv zu schützen, war nicht herabgesetzt. Daher bleibt zu klären, ob diese Taten gegen Verfassungsgrundsätze gerichtet waren und deswegen Staatsschutzqualität aufweisen.

Dem Erfordernis einer gegen Verfassungsgrundsätze gerichteten Tat kommt erhebliche praktische Bedeutung zu. Es setzt nicht voraus, dass die Fähigkeit, sich gegen Störungen von innen zur Wehr zu setzen, herabgesetzt, mithin die Funktionsfähigkeit des Staates und seiner Einrichtungen in Mitleidenschaft gezogen wird.[8] Vielmehr reicht es aus, dass

---

[6] BGH NStZ 2001, 265, 268; *Rebmann*, NStZ 1986, 289, 293.

[7] Vgl. auch die etwas weitere Definition in § 4 Abs. 1 Buchstabe b Bundesverfassungsschutzgesetz: „Im Sinne dieses Gesetzes sind ... Bestrebungen gegen die Sicherheit des Bundes oder eines Landes solche politisch bestimmten, ziel- und zweckgerichteten Verhaltensweisen in einem oder für einen Personenzusammenschluss, der darauf gerichtet ist, den Bund, Länder oder deren Einrichtungen in ihrer Funktionsfähigkeit erheblich zu beeinträchtigen."

[8] Vgl. *Schnarr*, MDR 1993, 589, 593.

die Tat durch den ihr innewohnenden Verstoß gegen Verfassungsgrundsätze ihren besonderen Charakter gewinnt. Darin besteht der Unterschied zu den Fällen des § 120 Abs. 2 S. 1 Nr. 3 b GVG, der auf ein Beseitigen, Außergeltungsetzen oder Untergraben von Verfassungsgrundsätzen abstellt und damit Verfassungsgrundsätze beeinträchtigende Fernziele der Tat in den Blick nimmt.[9]

Für die Beantwortung der Frage, was im Zuständigkeitskontext des § 120 Abs. 2 Satz 1 Nr. 3 a GVG zu den Verfassungsgrundsätzen zu rechnen ist, geben die Begriffsbestimmungen des § 92 StGB wesentliche Hinweise. Nach dessen Nr. 6 zählt hierzu der Ausschluss jeder Gewalt- und Willkürherrschaft gegenüber Minderheiten. Rechtsextremistische Taten sind gerade durch eine Missachtung der Wertentscheidungen des Grundgesetzes charakterisiert, die auf Toleranz gegenüber Menschen unterschiedlicher Rassen, Sprachen sowie religiöser und politischer Anschauungen aufbauen. Damit wohnt diesen Straftaten eine über die Täter-Opfer-Beziehung hinausgehende Tendenz inne, die die Verletzung der individuellen Rechtsgüter der konkret angegriffenen Personen übersteigt. Es wird das friedliche Zusammenleben der Bevölkerungsgruppen infrage gestellt, indem der Täter einem Teil der Bevölkerung das Recht abspricht, gleichberechtigt am gesellschaftlichen Leben teilzunehmen.[10] Dieser Zustand der Rechtlosigkeit und Friedlosstellung ist in der deut-

---

[9] Ein Beseitigen von Verfassungsgrundsätzen im Sinne eines formellen Abschaffens (*Tröndle/Fischer*, StGB, 50. Aufl., 2001, § 92 RdNr. 8) ist nur durch staatliche Maßnahmen möglich. Entsprechendes gilt für das Außergeltungsetzen. Es liegt vor, wenn der Verfassungsgrundsatz zwar rechtlich noch existent ist, aber faktisch nicht mehr beachtet wird (vgl. Schönke/Schröder-*Stree*, StGB, 25. Aufl., 1997, § 92 RdNr. 16). Untergraben wird ein Verfassungsgrundsatz, wenn seine Wirksamkeit trotz seiner Weitergeltung faktisch durch staatliche Ächtungs- oder Verfolgungsmaßnahmen in erheblichem Maße herabgesetzt wird (vgl. BGHSt 13, 32, 37; Schönke/Schröder-*Stree*, StGB § 92 RdNr. 16).

[10] Vgl. BGHSt 13, 32, 35 ff.; BGH NStZ 2001, 265, 268 f. Ähnlich auch die Formulierung, die der Bundesgerichtshof (StV 2000, 186, 187) in einer Haftbeschwerdeentscheidung in demselben Verfahren verwandte: „Eine Beeinträchtigung der inneren Sicherheit der Bundesrepublik Deutschland durch eine Straftat liegt nicht erst dann vor, wenn die Existenz des Staates, dessen Institutionen oder die freiheitlich-demokratische Grundordnung insgesamt in Frage stehen. Sie ist vielmehr bereits dann gegeben, wenn die Tat – wie hier – Auswirkungen auf den inneren Frieden der Bundesrepublik Deutschland in einer Weise hat, die über die Verletzung der Rechtsgüter einzelner Personen und die dadurch hervorgerufene Gefährdung der öffentlichen Sicherheit erheblich hinausgeht (vgl. *Schnarr* MDR 1993, 589, 593)".

schen Geschichte mit der nationalsozialistischen Gewaltherrschaft verbunden. Gerade für einen Staat, dessen Gründung eng mit der Überwindung dieser Vergangenheit verbunden war, ist ein Wiederaufleben solcher Tendenzen ein Angriff auf seine rechtsethischen und gesellschaftlichen Existenzgrundlagen.

Ein von diesem Verfassungsgrundsatz mitumfasster Gesichtspunkt ist das Prinzip der Gleichbehandlung. Hiergegen richtet sich eine Tat, wenn der Täter das Ziel seiner Aggressionen allein an der Zugehörigkeit des Opfers zu einer nationalen, rassischen, religiösen oder durch ihr Volkstum bestimmten Bevölkerungsgruppe ausrichtet. In derartigen Fällen geht der Tat kein persönlicher Konflikt zwischen Täter und Opfer voraus; vielmehr wird das Opfer als Repräsentant der dem Täter verhassten Gruppe herausgegriffen (Eggesin, Dessau).[11] Bei Brandstiftungsdelikten ist dies etwa anzunehmen, wenn das Objekt allein wegen seiner herausgehobenen religiösen Bedeutung für bestimmte Bevölkerungsteile ausgewählt wird, gegen die sich die Aversionen des Täters richten.

b) Geeignetheitsklausel

Die Bundeszuständigkeit verlangt nicht eine Beeinträchtigung der inneren Sicherheit. Nach dem Wortlaut des § 120 Abs. 2 Satz 1 Nr. 3 GVG reicht insoweit die konkrete Eignung der Tat aus. Ob das der Fall ist, lässt sich nur bei Würdigung der gesamten Umstände der Tatbegehung wie etwa Auswahl des Tatopfers, des Tatortes und des Tatmittels sowie sonstiger die Tat kennzeichnender, ihr vorausgehender, sie begleitender oder nachfolgender Umstände beurteilen.[12] Diese Umstände sind zu gewichten und zum Schutzgut der inneren Sicherheit in Beziehung zu setzen. Dabei spielt die gesellschaftliche Situation, in der die Tat begangen wird, ebenso eine Rolle wie die zu erwartenden Reaktionen der Bevölkerung oder bestimmter Bevölkerungsgruppen.

In den eingangs genannten Fällen rechtsextremistischer Straftaten waren folgende Aspekte für die Annahme der „Geeignetheit" der Taten im Sinne des § 120 Abs. 2 Satz 1 Nr. 3 GVG maßgeblich:

- Die Übergriffe reihen sich ein in eine Serie von seit Jahren zu beobachtenden und in ihrer Häufigkeit zunehmenden rechtsextremistischen, ausländerfeindlichen und antisemitischen Straftaten.

---

[11] BGH NStZ 2001, 265, 268 f.

[12] *Schnarr*, MDR 1993, 589, 594.

Dadurch tragen die einzelnen Ausschreitungen dazu bei, über den engeren örtlichen Bereich der Tatbegehung hinaus in der gesamten Bundesrepublik bei Ausländern und Bürgern jüdischen Glaubens ein allgemeines Klima der Angst vor willkürlichen Angriffen auszulösen. Damit verbunden sind Zweifel der betroffenen Bevölkerungsgruppen, ob eine ungefährdete, friedliche Lebensführung in diesem Staat noch möglich ist und ob die Sicherheitsorgane in ausreichendem Maße fähig sind, sie zu schützen. Tatsachenfundierte Zweifel dieser Art können geeignet sein, die innere Sicherheit zu beeinträchtigen.[13]

- Rechtsextremistische Straftaten sind keine bedauerlichen Einzelfälle mehr, sondern ein gesamtgesellschaftliches Problem. Ihre Zahl ist steigend.[14] Sie haben Fanalcharakter. Wer mit dem schlüssig oder ausdrücklich erklärten Ziel der Erhaltung der nationalen Identität einer ganzen Bevölkerungsgruppe – sei sie durch Rasse, Sprache, Religion oder politische Anschauung definiert – das Lebens- oder Bleiberecht in der Bundesrepublik Deutschland abspricht und dem dadurch Nachdruck verleiht, dass er gegen einen beliebigen Einzelnen als Repräsentanten oder ein herausgehobenes Kultobjekt der Gruppe einen Anschlag begeht, begründet das Risiko der Herabsetzung von Hemmschwellen Gleichgesinnter. Es entsteht die Gefahr, dass durch Nachahmer eine Gewaltspirale in Gang gesetzt wird. Dadurch kann die Sicherheitslage für die staatlichen Organe immer schwerer beherrschbar werden.[15]
- Die Täter sind keine gesellschaftlichen Außenseiter. Die hinter den Taten stehende geistige und moralische Haltung wird von Teilen der Bevölkerung akzeptiert oder zumindest toleriert.[16] Dies haben Solidaritätsbekundungen mit den Angeklagten während der laufenden Verfahren belegt.[17]

Zur Verdeutlichung der Kriterien, die eine Tat als geeignet erscheinen

[13] BGH NStZ 2001, 265, 269.

[14] Vgl. Mitteilung des Bundesministeriums des Innern vom 2. März 2001 (http://www.bmi.bund.de/dokumente/Pressemitteilung/ix32680.htm).

[15] BGH NStZ 2001, 265, 269.

[16] Vgl. auch BGH, StV 2000, 186, 187.

[17] Beispielhaft hierfür ist ein in der Zeitung „Die Welt" am 8. September 2000 abgedruckter Leserbrief eines Stadtrates, der darin Skinheads in ihrem Kampf gegen Ausländer als „wahre Vaterlandsverteidiger, die sich noch ein gesundes Volksempfinden bewahrt haben" bezeichnet und im Hinblick auf deren Gewalttätigkeiten von „Notwehr gegen Überfremdung" spricht.

lassen, die innere Sicherheit der Bundesrepublik Deutschland zu beeinträchtigen, seien zwei Problemkreise aufgegriffen: Zum einen gilt es zu klären, ob sich an der Geeignetheit etwas ändert, wenn die Tat im Versuchsstadium stecken geblieben und eine Verletzung individueller Rechtsgüter nicht eingetreten ist; zum anderen ist der Frage nachzugehen, inwieweit bei sonstigen – weder gegen Ausländer noch gegen jüdische Einrichtungen gerichteten – schwersten Gewalttaten rechtsextremistischer Täter von einer Geeignetheit zur Beeinträchtigung der inneren Sicherheit auszugehen ist. Angesprochen ist insoweit der Aspekt der Gruppenzugehörigkeit der Tatopfer als Anknüpfungspunkt staatsschutzrelevanter willkürlicher Gewaltakte.

Die Problematik der Beurteilung von Versuchstaten im Lichte des § 120 Abs. 2 Satz 1 Nr. 3 a GVG stellte sich bei dem versuchten Brandanschlag auf die Erfurter Synagoge. Die Tat verursachte außer einem öligen Fleck an der Wand der Synagoge keinen Sachschaden. Vorschnell wäre es, anzunehmen, der Anschlag sei bereits wegen des fehlenden Schadenseintritts an individuellen Rechtsgütern ungeeignet, die innere Sicherheit zu beeinträchtigen.[18] Wohl kann die Beeinträchtigung der inneren Sicherheit vom Erfolg einer Tat ausgelöst werden; das muss aber nicht in jedem Fall so sein. Das moderne Schuldstrafrecht rückt den Handlungsunwert verstärkt in den Blickpunkt.[19] Das Normgeltungsvertrauen wird bereits durch die Handlung erschüttert. Daher kann schon die Handlung an sich ein derart empörendes Zeichen setzen, dass Erfolg oder Nichterfolg kein entscheidendes Gewicht mehr zukommt. Prägend für den versuchten Brandanschlag auf die Erfurter Synagoge war das Fanal, das aller Welt mit einem solchen Übergriff auf ein in Deutschland stehendes jüdisches Gotteshaus an Hitlers Geburtstag vor Augen geführt werden sollte. Hinzu kam die damit verbundene Gefahr, Nachahmungstäter auf den Plan zu rufen. Demgegenüber war das Ausbleiben eines Brandstiftungserfolges für die Beurteilung, ob die Tat zur Beeinträchtigung der inneren Sicherheit geeignet war, kaum relevant.

Im Ergebnis abweichend zu bewerten ist die zweite Fallkonstellation. Es geht um Tötungsdelikte rechtsextremistischer Täter an Obdachlosen.

---

[18] Dazu, dass nach allgemeinen Grundsätzen zuständigkeitsbegründend nicht nur vollendete, sondern auch versuchte Katalogtaten sein können, siehe *Schnarr*, NStZ 1990, 257, 260; *ders.*, MDR 1993, 589, 592.

[19] Vgl. Leipziger Kommentar-*Jescheck*, StGB, 11. Aufl., 1993, vor § 13 RdNr. 11; *Maurach/Zipf*, Strafrecht AT, Teilband 1, 8. Aufl., 1992, § 17 RdNr. 1 ff.; *Hirsch*, ZStW 94 (1982), 240 ff.

Bislang hat die Bundesanwaltschaft in diesen Fällen den Staatsschutzcharakter der Taten verneint. Entscheidungsleitend waren vor allem die Beweggründe der Täter: Anlass für die tödlichen Misshandlungen war in erster Linie das bekannte kriminologische Phänomen, wonach Angehörige sozialschwacher Randgruppen ihre kriminelle Energie an noch Schwächeren abreagieren. Die rechtsextremistische Gesinnung der Täter war Ausdruck von Primitivität und Brutalität, nicht aber Beweggrund der Straftaten. Die Täter wollten keine politischen Signale setzen. Sie griffen Obdachlose nicht als Repräsentanten einer ihnen verhassten Menschengruppe an. Vielmehr gingen sie gegen Obdachlose vor, weil diese deutlich schwächer waren als sie selbst. Damit fehlte den Ausschreitungen die gleichheitssatzwidrige, staatsschutzspezifische Dimension. Für die Ablehnung eines Staatsschutzdelikts war weiterhin der Umstand bedeutsam, dass Obdachlose, die in Parks oder Abbruchhäusern nächtigen, sich in den Augen der Öffentlichkeit selbst teilweise des Schutzes begeben, den die sozial angepasste Bevölkerung von den Sicherheitsorganen erwartet. Hinzu kommt, dass bei sozialen Randgruppen weder mit erheblichem Widerstand noch mit Strafanzeigen zu rechnen ist. Ein allgemeiner Eindruck von Ohnmacht der Sicherheitsbehörden kommt auf der Grundlage dieses Verständnisses weder in der Bevölkerung insgesamt noch im Kreise der Obdachlosen kaum auf. Eine Fanalwirkung entfalten diese Taten noch nicht. Ob die weitere Entwicklung, insbesondere die Zunahme und eine gewisse ideologische Rechtfertigung dieser Übergriffe das Bild verändert, wird zu beobachten sein. Der Staatsschutzbegriff ist für solche Entwicklungen offen.[20]

c) Bestimmtheitsklausel

Mit dem Erfordernis, dass die Tat „bestimmt" gewesen sein muss, die innere Sicherheit zu beeinträchtigen, hat der Gesetzgeber ein voluntatives Element in die Zuständigkeitsvorschrift aufgenommen. Fraglich

[20] Festzuhalten bleibt, dass eine Beeinträchtigung von Verfassungsgrundsätzen in Gestalt willkürlicher gewalttätiger Ausschreitungen gegen Teile der Bevölkerung nicht nur mit Blick auf Ausländer oder Bürger jüdischen Glaubens in Betracht zu ziehen ist. Auch Angriffe gegen Angehörige anderer Gruppen – zu denken wäre beispielsweise an Sinti und Roma – können unter den vorgenannten Umständen Staatsschutzqualität aufweisen. Insoweit bietet sich ideengeschichtlich durchaus eine – freilich entgegengesetzte – Gedankenparallele zur rassistischen Ausgrenzungs- und Verfolgungspolitik der Nazis an.

ist, ob ein zielgerichtetes Handeln im Sinne einer Absicht zu fordern ist.[21] Der Bundesgerichtshof hat dies verneint. Es reiche aus, dass der Täter die tatsächlichen Umstände, die die Eignung der Tat zur Beeinträchtigung des Schutzgutes ergäben, gekannt und in seinen Willen einbezogen habe.[22]

Dieser Auffassung ist zuzustimmen. Würde man Absicht im engeren Sinne verlangen, wäre die Bestimmtheitsklausel schwer handhabbar. Inbesondere im Verfahren gegen „unbekannt", aber auch sonst könnten jedenfalls zu Beginn der Ermittlungen schwer überwindbare Zweifel am Vorliegen der zuständigkeitsbegründenden Absicht der Täter zur Beeinträchtigung der inneren Sicherheit auftreten. Dem ist bei der Auslegung der Norm durch restriktive Anwendung der Bestimmtheitsklausel Rechnung zu tragen. Die Sichtweise des Bundesgerichtshofes lässt sich zudem auf die Interpretation der materiell-rechtlichen Vorschriften des § 86 Abs. 1 Nr. 4 StGB (Verbreiten von Propagandamitteln verfassungswidriger Organisationen) und § 130 a Abs. 1 StGB (Anleitung zu Straftaten) stützen. Das Merkmal des Bestimmtseins wird in diesen Tatbeständen, in denen es ebenfalls um fanalartige Handlungen geht, dahingehend verstanden, dass sich die Zielrichtung der Tat – unabhängig von einer Absicht im Sinne einer zielgerichteten Handlung – nur aus den äußeren Umständen, dem Ausdrucksgehalt des Propagandamittels bzw. der Schrift ergeben muss; auf der subjektiven Tatseite reicht es aus, dass der Täter dies erkennt und in seinen Willen einbezieht.[23]

d) Besondere Bedeutung des Falles

Als letzte Voraussetzung für die Bundeskompetenz nennt § 120 Abs. 2 Satz 1 Nr. 3 GVG die „besondere Bedeutung" des Falles. Wie der Gesamtzusammenhang der Regelung verdeutlicht, genügt es zur Erfüllung dieses Zuständigkeitsmerkmals nicht, dass der Fall nach allgemeinen strafrechtlichen Kriterien bedeutsam ist. Es gibt keinen Mordfall, der nicht besondere Bedeutung hat. § 120 GVG meint etwas anderes. Die „besondere Bedeutung des Falles" ist ein Korrektiv. Es verhindert, dass bei Straftaten mit politischem Hintergrund die Regelzuständigkeit

---

[21] So *Schnarr*, MDR 1993, 589, 594.

[22] BGH NStZ 2001, 265, 269.

[23] Vgl. *Tröndle/Fischer*, StGB, § 86 RdNr. 7 sowie § 130 a RdNr. 6; Schönke/Schröder-*Stree*, StGB, § 86 RdNr. 16; Schönke/Schröder-*Lenckner*, § 130 a, RdNr. 9.

der Landesjustiz für die in § 120 Abs. 2 Satz 1 Nr. 3 GVG genannten Verbrechen in eine solche des Bundes verkehrt wird. Daher muss der Fall gerade *als Staatsschutzangelegenheit* von besonderer Bedeutung sein.

Unter diesem Gesichtspunkt sind bei der Beurteilung der „besonderen Bedeutung" die Kriterien, die mit dem Staatsschutzcharakter des Verbrechens in Zusammenhang stehen, in einer Gesamtschau zu gewichten. Das sind in erster Linie alle Umstände, die das Merkmal der Geeignetheit, die innere Sicherheit der Bundesrepublik Deutschland zu beeinträchtigen, ausfüllen.[24] In Betracht zu ziehen sind aber auch weitere Aspekte:

So schaden beispielsweise Presseberichte dem Ansehen Deutschlands im Ausland, wonach bei deutschen Volksfesten bierseliges Feiern und Tötung beliebiger Ausländer zwanglos zueinander gehören. Rechtsextremistische Straftaten berühren außenpolitische Belange, wenn sie zu dem Eindruck beitragen, dass Ausländern oder Bürgern jüdischen Glaubens ein sicherer Aufenthalt in der Bundesrepublik nicht mehr möglich ist. Dies gefährdet wirtschaftliche, wissenschaftliche und kulturelle Beziehungen. Darüber hinaus hat das Ansehen Deutschlands im Ausland Auswirkungen auf die Bündnissolidarität der durch gemeinsame Wertvorstellungen mit Deutschland verbundenen Staaten und damit eine Beziehung zur äußeren Sicherheit.[25]

Für die Frage der besonderen Bedeutung spielt weiterhin eine Rolle, inwieweit wegen gesamtgesellschaftlicher Fehlentwicklungen ein Einschreiten des Generalbundesanwalts und eine Aburteilung durch die Bundesgerichtsbarkeit geboten erscheint, um eine angemessene Reaktion zu zeigen. Die dabei zu berücksichtigenden Kriterien hat der Gesetzgeber in § 142 a Abs. 3 GVG umschrieben: Danach unterbleibt eine Abgabe an die Landesstaatsanwaltschaft, wenn die Tat die Interessen des Bundes in besonderem Maße berührt oder wenn es im Interesse der Rechtseinheit geboten ist, dass der Generalbundesanwalt die Tat verfolgt. Insoweit kann die besondere Bedeutung etwa in der Notwendigkeit gesehen werden, der von den Tätern erstrebten Fanalwirkung in einer Art Pilotverfahren Initiativen entgegenzustellen, die der Generalbundesanwalt mit seinen aus der Spezialzuständigkeit für Staatsschutzaufgaben folgenden Möglichkeiten und seinen personellen

---

24 BGH NStZ 2001, 265, 269.

25 BGH NStZ 2001, 265, 269.

Ressourcen wirkungsvoller als die örtliche Staatsanwaltschaft geben kann.

Bei besonderen Erscheinungsformen der Kriminalität wird es ferner geboten sein, Weichen für die künftige Strafverfolgung zu stellen. Dafür sind der Generalbundesanwalt, die Oberlandesgerichte und der Bundesgerichtshof in besonderer Weise geeignet. Das bedeutet im föderalistischen Staat trotz des Qualitätsanspruchs, den die Bundesanwaltschaft an sich selbst stellen muss, kein besser sein oder besser können. Die überlegenen Möglichkeiten des Generalbundesanwalts bei der Verfolgung der von § 120 Abs. 2 Satz 1 Nr. 3 GVG erfassten Straftaten ergeben sich aus seiner bundesweiten Zuständigkeit sowie aus der eingespielten Zusammenarbeit mit dem Bundeskriminalamt und den Sicherheitsbehörden in Bund und Ländern.

IV. Anfangsverdacht und Zeitpunkt der Verfahrensübernahme

Mit der Möglichkeit, ein Verfahren nach §§ 142 a Abs. 1, 120 GVG zu übernehmen und durch eine Anklage ein zur Aburteilung zuständiges Gericht zu bestimmen, korrespondiert eine entsprechende Pflicht. Die Zuständigkeitsnormen des Gerichtsverfassungsgesetzes eröffnen kein ermessensartiges Wahlrecht. Das folgt bereits aus dem Gebot des gesetzlichen Richters. Bei den in § 120 Abs. 2 Satz 1 Nr. 3 GVG genannten Zuständigkeitsmerkmalen handelt es sich um unbestimmte Rechtsbegriffe.[1] Der Generalbundesanwalt hat sie bei Prüfung der Übernahme des Verfahrens auszulegen und die Umstände des konkreten Falles entsprechend zu subsumieren. Die Subsumtion ist strafrechtliche Rechtsanwendung.[2] Hält der Generalbundesanwalt die Zuständigkeitsmerkmale für gegeben, muss er das Verfahren übernehmen.[3]

Fraglich ist, in welchem Umfang die zuständigkeitsbegründenden Merkmale des § 120 GVG für eine Verfahrensübernahme bereits aufgeklärt sein müssen. Es gilt zu entscheiden, ob ein Anfangsverdacht im Sinne des § 152 Abs. 2 StPO ausreicht oder ob es gerichtsfester Beweise bedarf. Der Problematik kommt eine besondere Bedeutung zu, weil die vom Einschreiten des Generalbundesanwalts erwartete Fanalwirkung bei zögerlicher Übernahme des Verfahrens verpufft. Noch wichtiger ist jedoch die möglichst frühzeitige Klarstellung, wer die Verantwortung für die Ermittlungen, insbesondere für die wichtige Tatortarbeit übernimmt.

Hinsichtlich der Qualität und Dichte der zuständigkeitsbegründenden Umstände ist zwischen den geborenen Staatsschutzdelikten des § 120 Abs. 1 GVG (Hoch- und Landesverrat, terroristische Vereinigung,

---

[1] Entsprechendes ist beim normativen Zuständigkeitsmerkmal der „besonderen Bedeutung" in § 24 Abs. 1 Nr. 3 GVG ständige Rechtsprechung, vgl. BVerfGE 9, 223, 228 ff.; OLG Düsseldorf NStZ-RR 1997, 115; vgl. auch *Kleinknecht/Meyer-Goßner*, StPO, 44. Aufl., 1999, § 24 GVG RdNr. 5; *Pfeiffer*, StPO, 3. Aufl., 2001, § 24 GVG RdNr. 4.

[2] Das hat für das externe Weisungsrecht Bedeutung.

[3] BGH NStZ 2001, 265, 269. *Löwe/Rosenberg-Schäfer/Harms*, StPO, 24. Aufl., 1996, § 120 GVG RdNr. 6.

Völkermord usw.) und den Fällen des § 120 Abs. 2 Satz 1 Nr. 3 GVG zu unterscheiden.

§ 120 Abs. 1 GVG knüpft lediglich an die dort aufgeführten materiell-rechtlichen Tatbestände an. Weitere normative Zuständigkeitsmerkmale sind nicht enthalten. Die Verfolgungszuständigkeit fällt von vornherein in die Bundeskompetenz. Bestehen insoweit zureichende tatsächliche Anhaltspunkte im Sinne des § 152 Abs. 2 StPO, hat der Generalbundesanwalt die Ermittlungen von Anfang an zu führen. Tatverdacht und Zuständigkeit können nicht auseinander fallen. Lediglich in Fällen minderer Bedeutung sieht § 142 a Abs. 2 Nr. 2 GVG eine Abgabe an die Landesjustiz vor.

Abweichend stellt sich die Rechtslage bei den in § 120 Abs. 2 Satz 1 Nr. 3 GVG aufgeführten Taten dar. Der insoweit nahe liegende Gedanke, § 152 StPO könne die gesamte Zuständigkeitsnorm mit der Folge überlagern, dass der Generalbundesanwalt im Falle eines strafprozessualen Anfangsverdachts für das Vorliegen einer Katalogtat stets zur Verfahrensübernahme schreiten müsste, ist zu verwerfen. Zwar ist der Generalbundesanwalt wie jede andere Staatsanwaltschaft nach dem Legalitätsprinzip zum Einschreiten verpflichtet, sobald und sofern zureichende tatsächliche Anhaltspunkte für eine in seinen Zuständigkeitsbereich fallende Straftat vorliegen. Die prozessuale Verdachtsschwelle bezieht sich indes nur auf Straftaten. § 120 GVG ist jedoch eine Zuständigkeitsnorm. Absatz 2 dieser Vorschrift greift über starre, an materiell-rechtliche Tatbestände anknüpfende Zuständigkeitsvoraussetzungen hinaus. Die dort genannten Straftaten fallen grundsätzlich in die Verfolgungskompetenz der Länder; nur beim Hinzutreten der weiteren in § 120 Abs. 2 GVG aufgeführten Merkmale ist die des Bundes gegeben. Eine Verfahrensübernahme durch den Generalbundesanwalt in den Fällen des § 120 Abs. 2 GVG greift in die Verfolgungskompetenz der Landesstaatsanwaltschaften ein, wenn die Voraussetzungen der Vorschrift objektiv nicht gegeben sind. Dadurch würde die verfassungsrechtliche Kompetenzverteilung zwischen Bundes- und Landesjustiz beeinträchtigt. Vor diesem Hintergrund ergeben sich folgende verfahrensrechtliche Auswirkungen:

Im Falle eines strafprozessualen Anfangsverdachts für eine der in § 120 Abs. 2 GVG genannten Katalogtaten darf der Generalbundesanwalt das Verfahren erst dann übernehmen, wenn ausreichende tatsächliche Anhaltspunkte für die übrigen Merkmale der Zuständigkeitsnorm vorliegen.

Inwieweit die normativen Zuständigkeitsmerkmale „bestimmt und geeignet die innere Sicherheit zu beeinträchtigen" und „besondere Bedeutung des Falles" zum Evokationszeitpunkt aufgeklärt sein müssen, lässt sich nicht in eine allgemein gültige Formel fassen. Jedenfalls ist zu berücksichtigen, dass es neben der Bestimmung des gesetzlichen Richters auch um die Zuständigkeit der für die Ermittlungen verantwortlichen Staatsanwaltschaft geht. Diese Frage darf also nicht erst bei Abschluss der Emittlungen geprüft werden. Eine Verfahrensübernahme wird man deshalb bereits dann als zulässig ansehen können, wenn nach dem Ermittlungsstand das Vorliegen der normativen Zuständigkeitsvoraussetzungen hinreichend mit Tatsachen belegt erscheint – mag auch die Möglichkeit einer Änderung der Sachlage noch nicht auszuschließen sein.[4] Dass dem Generalbundesanwalt insoweit eine Prognoseentscheidung zukommt, ist unvermeidlich. Hiergegen bestehen auch unter dem Gesichtspunkt eines möglichen Eingriffs in die verfassungsrechtliche Kompetenzverteilung keine Bedenken. Vergleichbare prognostische Bewertungen sind für die staatsanwaltliche Tätigkeit kennzeichnend.

---

[4] Entsprechendes wird in den Fällen des § 120 Abs. 1 GVG für die Voraussetzungen einer Abgabe des Verfahrens nach § 142 a Abs. 2 GVG angenommen, vgl. *Löwe/Rosenberg-Schäfer/Boll*, StPO, 24. Aufl., 1996, § 142 a GVG RdNr. 8.

V. Gerichtliche Überprüfung der Zuständigkeitsvoraussetzungen

1. Gerichtliche Überprüfung bis zum Abschluss des Zwischenverfahrens

In aller Regel sind bereits während des Ermittlungsverfahrens eine Reihe von richterlichen Beschlüssen (Durchsuchung, Telefonüberwachung, Haftbefehle usw.) erforderlich. Für ihren Erlass ist nach Übernahme des Verfahrens durch den Generalbundesanwalt gemäß § 169 Satz 2 StPO der Ermittlungsrichter des Bundesgerichtshofs zuständig. Über Beschwerden gegen seine Anordnungen entscheidet der 3. Strafsenat. Ermittlungsrichter und Strafsenat müssen dabei in vollem Umfang in tatsächlicher und rechtlicher Hinsicht überprüfen, ob nach dem jeweiligen Erkenntnisstand des Ermittlungsverfahrens vom Vorliegen aller Zuständigkeitsmerkmale des § 120 Abs. 2 Satz 1 Nr. 3 GVG auszugehen ist. Diese Pflicht folgt nicht nur aus dem auch im Ermittlungsverfahren geltenden verfassungsrechtlichen Verbot der Entziehung des gesetzlichen Richters (Art. 101 Abs. 1 Satz 2 GG);[1] sie ergibt sich zusätzlich aus § 6 StPO, wonach das Gericht in jeder Lage des Verfahrens seine sachliche Zuständigkeit von Amts wegen zu prüfen hat.

Nach Anklageerhebung muss das Oberlandesgericht diese Prüfung im Zwischenverfahren durchführen. Dies gilt – wie § 120 Abs. 2 GVG ausdrücklich klarstellt – ohne Einschränkung auch für die Frage, ob der Fall „besondere Bedeutung" hat.

2. Überprüfung nach Erlass des Eröffnungsbeschlusses im Haupt- und Revisionsverfahren

Unbeschadet der richterlichen Prüfungspflichten im Ermittlungs- und Zwischenverfahren ist offen, inwieweit die Zuständigkeitsmerk-

---

[1] BVerfGE 25, 336, 345 f.; Karlsruher Kommentar-*Pfeiffer*, StPO, 4. Aufl., 1999, Einl. RdNr. 25.

male des § 120 Abs. 2 GVG vom Oberlandesgericht nach Erlass des Eröffnungsbeschlusses bis zum Abschluss der Hauptverhandlung und vom Bundesgerichtshof im Rahmen eines sich anschließenden Revisionsverfahrens zu überprüfen sind. Anlass für die nähere Erörterung dieser Frage bietet die Vorschrift des § 269 StPO.

a) Ausgangslage

Mit § 269 StPO und § 336 Satz 2 StPO scheint das Problem auf den ersten Blick gelöst: Nach Eröffnung des Hauptverfahrens kann sich ein Gericht grundsätzlich nicht mehr deshalb für unzuständig erklären, weil die Sache vor ein Gericht niederer Ordnung gehört. § 269 StPO, der dies aus Gründen der Verfahrensbeschleunigung und der Prozesswirtschaftlichkeit bestimmt, verdrängt insoweit § 6 StPO.[2] Dem liegt die Überlegung zugrunde, dass die weitergehende sachliche Zuständigkeit des Gerichts höherer Ordnung die des Gerichts niederer Ordnung mitumfasst. Hinzu kommt die Erwägung, dass die Verhandlung vor einem unzuständigen Gericht höherer Ordnung den Angeklagten wegen der besseren Besetzung der Richterbank nicht benachteiligt.[3]

Die rechtsfehlerhafte Annahme der sachlichen Zuständigkeit durch das höhere Gericht im Eröffnungsbeschluss begründet kein Verfahrenshindernis; sie unterliegt gemäß § 336 Satz 2 StPO auch nicht der revisionsrechtlichen Überprüfung.[4] Etwas anderes gilt nach Auffassung des Bundesgerichtshofes nur, wenn das Gericht höherer Ordnung im Eröffnungsbeschluss seine Zuständigkeit objektiv willkürlich angenommen hat. Hiervon ist auszugehen, wenn jeder sachliche Grund fehlt, sich das Gericht also so weit von den gesetzlichen Merkmalen entfernt, dass seine Bewertung unter keinem Gesichtspunkt mehr vertretbar erscheint.[5] In diesen Fällen ist wegen eines willkürlichen Verstoßes gegen das Gebot des gesetzlichen Richters weder § 269 StPO[6] noch § 336 Satz 2 StPO[7] anzuwenden; vielmehr bleibt es bei der Grundregel

---

[2] Karlsruher Kommentar–*Engelhardt*, StPO, § 269 RdNr. 5; LR–*Gollwitzer*, § 269 RdNr. 4; *Kleinknecht/Meyer-Goßner*, StPO, § 269 RdNr. 1.

[3] BGHSt 9, 399, 402; BGHSt 43, 53, 55; BGH NStZ 2001, 265.

[4] Vgl. Karlsruher Kommentar–*Kuckein*, StPO, § 336 RdNr. 7; *Rieß*, NJW 1978, 2265, 2271.

[5] BGHSt 38, 212; 40, 120, 122; BGH NJW 1993, 1607, 1608.

[6] BGH GA 1970, 25; BGHSt 43, 53, 56; BGHSt 38, 212.

[7] *Rieß*, NJW 1978, 2265, 2271; *Katholnigg*, NJW 1978, 2375, 2378.

des § 6 StPO: Die Gerichte höherer Ordnung müssen den Zuständigkeitsmangel weiterhin beachten. Für das Revisionsverfahren ist allerdings zwischen den Senaten des Bundesgerichtshofs streitig, ob dies von Amts wegen oder nur auf Verfahrensrüge hin zu geschehen hat.[8]

b) Besonderheiten im Bereich des Staatsschutzes

Ob diese Grundsätze auch im Kompetenzstreit zwischen Bundes- und Länderjustiz Geltung beanspruchen, ist zweifelhaft. Bedenken sind schon deshalb angebracht, weil im Bereich der Zuständigkeitsverteilung nach § 120 GVG ein Verhältnis von Gerichten niederer und höherer Ordnung nur zwischen Oberlandesgericht und Bundesgerichtshof besteht. § 269 StPO und § 336 Satz 2 StPO finden folgerichtig keine Anwendung, weil die Oberlandesgerichte bei Ausübung der Bundesgerichtsbarkeit nach Art. 96 Abs. 5 GG, § 120 Abs. 6 GVG außerhalb der Hierarchie der Ländergerichte handeln. Sie sind im Vergleich zu den ihnen ansonsten nachgeordneten Amts- oder Landgerichten nicht Gerichte „höherer", sondern Gerichte „anderer" Ordnung.[9]

Die Gesichtspunkte der Verfahrensbeschleunigung und Prozesswirtschaftlichkeit treten naturgemäß hinter dieser Kompetenzzuweisung zurück. Das folgt bereits daraus, dass die Weichen nicht erst mit der Anklageerhebung, sondern mit der Evokationsentscheidung des Generalbundesanwalts gestellt werden. Die Zuständigkeit von Bundes- oder Länderstaatsanwaltschaft steht aber von Verfassungs wegen nicht im Belieben der Strafverfolgungsbehörden. Ihre fehlerhafte Annahme kann deshalb auch nicht durch § 269 StPO geheilt werden.

Nimmt das Oberlandesgericht auf Anklage des Generalbundesanwalts seine erstinstanzliche Zuständigkeit an, obgleich die Voraussetzungen des § 120 GVG nicht gegeben sind, greift es unmittelbar in die grundgesetzliche Kompetenzverteilung zwischen Bundes- und Landesjustiz ein. Ein derartiger Eingriff entzieht dem Verfahren als Ganzem die verfassungsrechtliche Legitimation und begründet deshalb ein Verfahrenshindernis.[10] Dieses Verfahrenshindernis ist im Revisionsverfah-

---

[8] Für eine Prüfung nur bei zulässiger Verfahrensrüge: 1. Strafsenat (NGH NJW 1993, 1607 f.; BGHSt 43, 53, 56 ff.) und 5. Strafsenat (BGH GA 1970, 25; BGHSt 42, 205). Für eine Prüfung von Amts wegen dagegen der 4. Strafsenat (BGHSt 38, 172, 176; 40, 120; NJW 1998, 2149, 2150).

[9] BGH NStZ 2001, 265, 266.

[10] BGH NStZ 2001, 265, 267.

ren – auch ohne entsprechende Verfahrensrüge – von Amts wegen zu beachten. Bei verfassungsrechtlich derart bedeutsamen Fragen muss eine einheitliche Überprüfung durch den Bundesgerichtshof sichergestellt werden, sodass es nicht dem Angeklagten überlassen werden kann, die mangelnde Zuständigkeit des Oberlandesgerichts zu rügen.[11]

Aus der gerichtlichen Überprüfung der Zuständigkeitsvoraussetzungen ergeben sich folgende Konsequenzen: Gelangt das Oberlandesgericht nachträglich zu der Erkenntnis, dass es bei Zugrundelegung seiner Kenntnisse im Zeitpunkt des Eröffnungsbeschlusses diesen nicht hätte erlassen dürfen, muss es die Sache an das zuständige Gericht der Landesjustiz verweisen. Allerdings hält die Strafprozessordnung hierfür keine ausdrückliche Bestimmung parat. Hat das Oberlandesgericht bei Zulassung der Anklage seine Zuständigkeit hingegen zu Recht angenommen und stellt sich erst aufgrund neuer Umstände im Hauptverfahren heraus, dass nicht alle Merkmale des § 120 GVG gegeben sind, gilt der Grundsatz der perpetuatio fori: das Oberlandesgericht bleibt zuständig.[12] Im Revisionsverfahren prüft der Bundesgerichtshof von Amts wegen mithin nur, ob das Oberlandesgericht seine Zuständigkeit unter Zugrundelegung zutreffender rechtlicher Maßstäbe im Eröffnungsbeschluss zu Recht bejaht hat.

---

[11] BGH NStZ 2001, 265, 267.
[12] BGH NStZ 2001, 265, 267.

VI. Resümee

Der Generalbundesanwalt ist für die Verfolgung der in § 120 Abs. 2 Nr. 3 a GVG enumerativ aufgeführten schweren Straftaten zuständig, wenn diese bestimmt und geeignet sind, die innere Sicherheit der Bundesrepublik Deutschland zu beeinträchtigen. Hinzukommen muss, dass der Fall als Staatsschutzangelegenheit besondere Bedeutung aufweist. Eine Beeinträchtigung der inneren Sicherheit erfordert nicht zwingend eine Erschütterung des Staates in seinem inneren Gefüge. Sie kann vielmehr bereits dann in Betracht kommen, wenn die Tat gegen Verfassungsgrundsätze verstößt und damit den Bestand der Verfassung als Wertekonsens der Gemeinschaft gefährdet. Erfasst sind in Anlehnung an § 92 Abs. 2 Nr. 6 StGB insbesondere Taten, durch die das Opfer nach den Gepflogenheiten einer diktatorischen Gewalt- und Willkürherrschaft lediglich als Repräsentant einer nationalen, rassischen oder religiösen Minderheit angegriffen und dadurch in seiner menschlichen Würde als gleichberechtigtes Mitglied der Gesellschaft verletzt wird.

Bei der Beurteilung der Eignung der Tat zur Beeinträchtigung der inneren Sicherheit ist die gesellschaftliche Situation in ihrer konkreten Ausgestaltung in den Blick zu nehmen. Ein von politisch motivierten Straftaten ausgehendes allgemeines Klima der Angst und Einschüchterung, die Furcht einzelner Bevölkerungsgruppen vor eskalierender willkürlicher Gewalt politischer Straftäter, der Fanalcharakter der Taten und die von ihnen ausgehenden Nachahmungseffekte können von Bedeutung sein. Der Begriff der Eignung ist einer die gesellschaftlichen Entwicklungen aufgreifenden dynamischen Interpretation zugänglich.

Die besondere Bedeutung des Falles leitet sich aus staatsschutzspezifischen Erwägungen ab. Hierzu zählen neben den die Geeignetheit der Tat kennzeichnenden Faktoren auch die Wahrung des Ansehens Deutschlands im Ausland sowie die Notwendigkeit weichenstellender staatlicher Reaktionen auf besondere kriminelle Erscheinungsformen. Danach kann die Verfolgung extremistischer Gewalttaten durch den Generalbundesanwalt gleichsam als „Gegenfanal“ in Betracht kommen.

Der durch das Urteil des 3. Strafsenats des Bundesgerichtshofes vom 22. Dezember 2000 bestätigten Verfolgungspraxis des Generalbundesanwalts gegen (rechts-)extremistische Einzeltäter kommt gerade in Zeiten zunehmender rechtsextremistischer und fremdenfeindlicher Gewalttaten eine besondere Bedeutung zu.